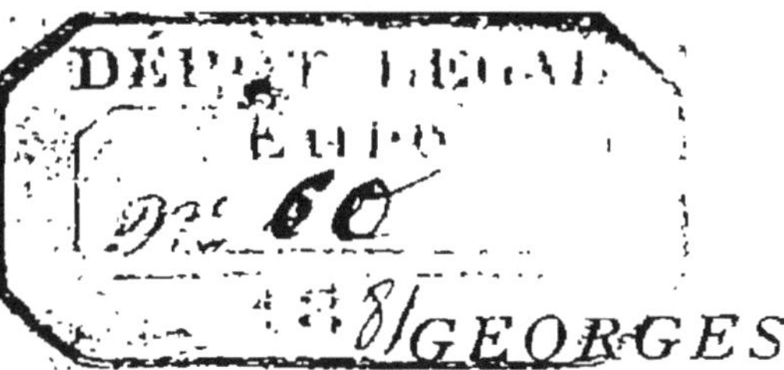

# GEORGES CLERC

## MON

# VIDE-POCHE

PARIS

PAUL OLLENDORFF, ÉDITEUR

*18 bis, rue de Richelieu*

1881

Tous droits réservés.

# MON

# VIDE-POCHE

ÉVREUX, IMPRIMERIE DE CHARLES HÉRISSEY

*GEORGES CLERC*

---

# MON
# VIDE-POCHE

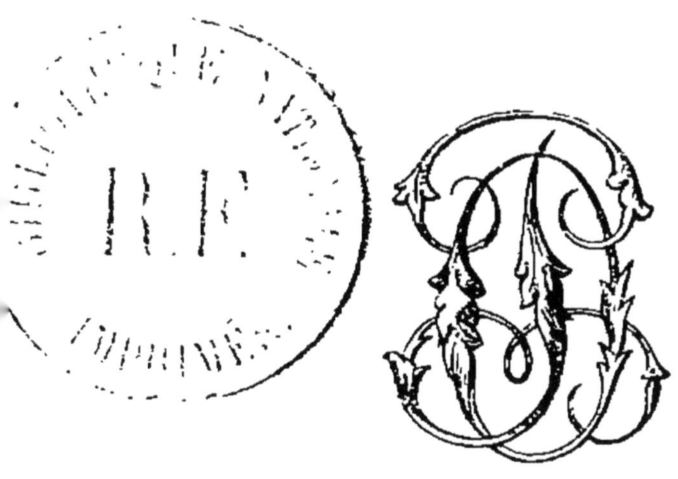

**PARIS**
**PAUL OLLENDORFF, ÉDITEUR**
*18 bis, rue de Richelieu*

1881
Tous droits réservés.

# ÉPIGRAPHE

Voir H. Heine. — Le Retour.

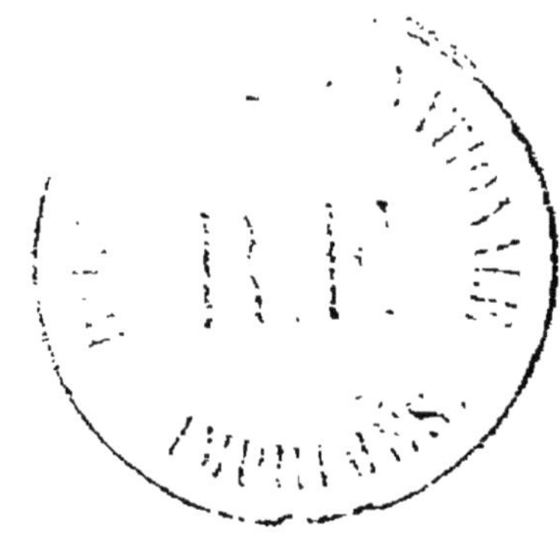

Les hommes m'ont comblé de conseils excellents,
   D'estime à ne savoir qu'en faire...
« Attendez, disaient-ils, tous les progrès sont lents :
   Nous vous tirerons de misère. »

Pourtant je serais mort, ô monde protecteur,
   Malgré cette belle promesse,
Sans un ami bien moins que toi complimenteur,
   Plus soucieux de ce qui presse.

Brave homme ! c'est à lui que je dois mon salut !
   Mais cet être, le seul qui m'aime,
Je ne puis l'embrasser comme j'aurais voulu ;
   Car il n'est autre que moi-même !

# LES UNES ET LES AUTRES

# PRONOSTICS

Je garderai de ma jeûnesse
Deux ou trois billets amoureux,
Le souvenir de mes cheveux
Et le secret de la paresse.

Aux heures de l'espoir fiévreux,
Génie, amour, gloire, richesse,
J'aurai souvent pris votre adresse
Sur le carnet des gens heureux.

Mais toutes les fois à mi-route
Quelque terreur ou quelque doute,
Quelque oubli m'aura détourné ;

Et je mourrai, c'est fort probable,
Après avoir longtemps jeûné,
Au moment de me mettre à table.

# SOUVENIR SENTIMENTAL

Comme c'est loin déjà ! J'étais en rhétorique,
Mes poèmes couvraient des rames de papier ;
Je discutais Hugo, blâmant sa poétique
Et lui volant ses vers pour vous les dédier.

Vous, mariée à peine, un peu mélancolique,
Vous ne preniez point garde au cœur de l'écolier
Et n'avez jamais dit si ce culte extatique
Eut le don de vous plaire ou de vous ennuyer.

Maintenant je suis homme ; et vous, vous êtes mère.
Ce bonheur dont vos yeux poursuivaient la chimère
Les illumine enfin de sa sérénité.

Vos enfants pour toujours ont comblé vos tendresses.
Votre cœur a mûri sous leurs chaudes caresses ;
Et le mien comme alors à vos pieds est resté.

# SOURDINE

Jadis, quand j'étais tout jeune garçon,
J'ai fait de grands vers et de grandes odes;
Et je dédaignais, comme trop commodes,
Tes rythmes légers et fins, ô chanson !

Mais mon orgueil seul et ma déraison
Etaient au niveau de telles méthodes.
J'ai dû couper l'aile à mes périodes,
Hélas! et changer de diapason.

Mon souffle est trop court pour gravir les cimes
Où causent avec les blancs aquilons
Les poëtes-rois, les aigles sublimes ;

Et, réduit par force à l'air des salons,
Je passe ma vie à choisir des rimes,
Mignonne, en l'honneur de vos cheveux blonds.

# LETTRE D'AMOUR

Ton bien-aimé, ma bien-aimée,
Y penses-tu si loin de lui?
Hier, demain, comme aujourd'hui,
Porte close, vitre fermée,
Ton bien-aimé, ma bien-aimée,
Pense à toi toujours: pense à lui!

La boucle blonde qu'il possède,
Le médaillon où tu souris,
Ses yeux, son cœur s'en sont nourris;
Et toute femme est sotte ou laide
Près des souvenirs qu'il possède:
En chacun d'eux tu lui souris.

Ton bien-aimé, ma bien-aimée,
Tout haut, tout seul, parle souvent.
Un doux mirage décevant

Fait délirer sa voix pâmée :
Les baisers pour la bien-aimée,
L'air qui passait les eut souvent.

Et souvent aussi sur ma tête
Une caresse frissonnait.
Etait-ce un baiser que donnait
La chère absente à son poëte ?
Le vent seul passait sur ma tête;
Et pourtant mon cœur frissonnait.

Ton bien-aimé, ma bien-aimée,
Rien ne l'a séparé de toi.
Dans son amour et dans sa foi
L'immensité tient enfermée.
Ton bien-aimé, ma bien-aimée,
— Repose en paix, — est près de toi!

# UN SILENCE

Tandis qu'hier soir, pour mieux m'écouter,
Vous teniez à tous votre porte close,
Sur votre toilette et sur votre pose
Un blond demi-jour semblait hésiter.

Que pouvais-je avoir à vous raconter !
Je ne me rappelle, hélas ! qu'une chose,
C'est que mon discours eut plus d'une pause
Et puis tout à coup vint à s'arrêter.

Ma chaise de vous s'était rapprochée,
Vers moi doucement vous étiez penchée
Avec un bel air de feinte langueur.

Et comme à travers votre long sourire
Je voyais l'émail de vos dents reluire,
Je sentis soudain leur morsure au cœur !

# L'OMBRE ROSE

L'entendant venir, j'éteignis la lampe,
Et je me blottis derrière un fauteuil.
Ses talons mutins piaffaient sur le seuil,
Mon sang tout ému battait dans ma tempe.

La porte s'ouvrit, un vague parfum
Pénétra, suivi d'un froufrou de soie.
Puis elle approcha, ma coquette proie !
Un baiser flottait sur ma lèvre à jeun.

Elle était tout près. Le vent de sa jupe
En passant sur moi m'entrait dans le cœur.
J'étendis la main ; mais soudain j'eus peur,
De mes sens trop prompts craignant d'être dupe.

Contre mon fauteuil je demeurai coi,
L'instant avait fui, je devins morose,

Lorsque je sentis comme une ombre rose
A  ravers la nuit se pencher sur moi.

Plus léger, plus vif qu'une brise folle,
Le bout de son aile au front me  frôla ;
Et puis je crois bien qu'elle s'envola,
Comme un papillon d'un buisson s'envole.

# PRÉDICTION

Moquez-vous de moi : vous y serez prise.
Votre joli rire est un peu vantard,
Mignonne; et l'amour en venant trop tard
Se venge souvent de qui le méprise.

Chevelure d'or qui luit et qui frise,
Teint de fleur mi-close et jeune regard
Ont vite besoin de poudre et de fard :
La coquette alors en vain s'humanise.

Le cœur paresseux qui semblait dormir
Commence à parler, finit par gémir.
Parmi ses dédains les regrets se glissent.

Il songe aux aveux qui l'ont diverti,
Le rire s'éteint, les larmes jaillissent...
Mais, l'amour venu, l'amant est parti !

# DIRECTION DE CONSCIENCE

Quand vous serez vieille et grand'mère,
Quand je serai chauve et goutteux,
Il sera temps d'être honteux
Et d'appeler l'amour chimère.

Il se peut qu'une lie amère
Soit le fond d'un vin capiteux,
Et que nos cœurs calamiteux
Ne fassent rien que d'éphémère.

Dans l'autre monde on n'a souci
Que de salut et de merci.
Laideur? Amour? Beauté? Qu'importe ?

Ne pensez donc plus qu'au bon Dieu
Aussitôt que vous serez morte :
Mais ici-bas vivez, morbleu !

# ENTRE AUTRES

Un jour de pluie, en traversant
La place de la Madeleine,
Tu heurtas, mignonne, un passant
Qui t'aima sans reprendre haleine.

Lors tu troussais d'un air décent
Ton jupon de simple futaine!...
Worth lui fournit un remplaçant
Avant la fin de la semaine.

Puis vous avez, je crois, soupé
Avec des truffes sans pareilles...
Puis Binder te fit un coupé,
Mellerio des pendants d'oreilles...

On les paiera peut-être un jour...
Jupon de laine et pur amour!

# PERSIL

Au Bois, du lundi, mignonne, au dimanche
On ne voit passer que ton huit-ressorts,
Ton cocher, ton groom en culotte blanche
Et des chevaux noirs steppant jusqu'au mors.

Si blonde et si pâle, aux yeux de pervenche,
Et ne regardant qu'à peine au dehors,
Contre les coussins mollement se penche
Ta taille flexible... Est-ce que tu dors?

D'un œil dur et froid les femmes te toisent,
Phaétons, coupés et daumonts te croisent
Sans que nul obtienne un signe, un salut.

Tu les connais tous, tu les connais toutes;
Et chacun d'entre eux sait ce que tu coûtes..
Mais pour le moment un seul est l'élu !...

# BRUNE AUX YEUX BLEUS

J'ai connu des yeux d'un bleu triste, pâle,
Incertain et froid, et dont le regard
Ressemblait au clair de lune blafard
Qui glisse endormi dans un ciel d'opale.

Toi, tes yeux sont bleus aussi, d'un bleu fier
Qui flambe sous tes cheveux noirs ; — et telle
Rayonne à midi l'ardente étincelle
Que le chaud soleil plonge dans la mer !

Aussi, fatigué des horizons vides,
Des climats brumeux, des cieux sans couleur
Où l'ancien amour promenait mon cœur,

Je veux, en prenant tes deux yeux pour guides,
Entrer dans la joie et dans la chaleur
Des amours brillants, hardis et splendides.

# PATTES DE MOUCHE

Le joli billet ! Vois sur l'enveloppe
Ces jambages fins qui trottent menu !
Ah ! cher petit cœur, tu t'es souvenu !
Comme allègrement ta plume galope !

Diable ! Qu'est-ce là ? Serais-je myope ?
Ton style, ma chère, est bien biscornu,
Et le caractère est si peu venu
Qu'il faudrait pour lire un bon microscope.

Bah ! laissons ta prose. A quoi bon savoir
Toutes les raisons que j'ai de te voir ?
Ma belle mignonne, il suffit d'un signe

Pour me mettre une aile à chaque talon :
Je perdrais une heure à lire une ligne ;
Un baiser de toi m'en dira plus long.

# LA BONNE AVENTURE

Vous la teniez ouverte ainsi votre main blanche,
Je disais l'avenir que je lisais dedans.
Mais le long de l'étroit poignet mes yeux ardents
Cherchaient votre beau bras caché dans votre manche.

Comme sous un fruit mûr plie une souple branche,
Vous vous penchiez vers moi, tout en me regardant,
Si près que je sentais contre mon bras pendant
Votre souffle onduleux glisser sous votre hanche.

Nos lèvres s'appelaient, vos yeux fixaient les miens ;
Et petit à petit d'invisibles liens
Rapprochaient nos deux fronts, nos deux cœurs l'un de l'autre.

Cher ange ! Pourrons-nous jamais nous souvenir
Laquelle la première, ou ma main ou la vôtre,
Nous fit pour le présent oublier l'avenir ?

# LES PETITES MAINS

Ce mouchoir bordé de fine dentelle
Qui porte à son coin votre chiffre aimé,
Votre poing mignon en était armé
Lorsque j'attaquai cette citadelle.

Derrière un barreau s'il n'est enfermé
L'oiseau déniché vite se rebelle
Et d'un coup de bec dégage son aile,
Vous laissant le bout des doigts enflammé.

Les petites mains, pour les escogriffes
Qui font lourdement métier d'oiseleur,
Ont, elles aussi, leurs petites griffes :

Mais la main cruelle a parfois bon cœur
Et, le coup donné, sans rancune essaie
Avec son mouchoir de panser la plaie,

# FIASCO

Madame passe en son coupé !
Sur le bord du trottoir campé,
    On la regarde,
On la salue, on lui sourit...
Madame, ayant ailleurs l'esprit,
    N'y prend pas garde.

Le passant remet son chapeau :
Pour lui le temps n'est plus si beau,
    Le ciel est sombre,
Le vent est aigre et l'air malsain ;
Car tout à coup son cœur chagrin
    S'est rempli d'ombre.

Dame aux yeux bleus, une autre fois,
Quand vous retournerez au Bois,
    Soyez moins fière ;

Et daignez faire à mon amour
L'aumône d'un petit bonjour
Par la portière.

# VU DE LOIN

Etais-je un poëte? Etais-je un amant?
Etiez-vous ma muse ou bien ma maîtresse?
Fut-il, cet amour, flamme de jeunesse,
Prétexte de vers ou réel tourment?

J'ai pourtant pleuré bien amèrement.
Si grande parfois était ma détresse
Qu'elle eût refusé génie et richesse
S'il avait fallu rire seulement.

Puis le temps passa sur mon jeune rêve.
L'habitude vint, la douleur fit trêve :
J'y songe à présent comme on se souvient;

Mais votre pensée est la fraîche source
D'où mon cœur plus calme et plus pur revient,
Lorsqu'il a près d'elle arrêté sa course.

# ORAISON FUNÈBRE

Vous avez, ô mes amours,
Vécu près de quatre jours.
Avec un peu plus d'haleine,
Je le crois en vérité,
Vous auriez peut-être été
Jusqu'au bout de la semaine.

Vous étiez nés promptement
D'un regard clair et charmant :
Vous ne mourrez pas de même.
L'agonie est longue et va
Durer plus que ne rêva
La cruelle enfant que j'aime.

Tous cris seraient superflus.
Elle ne se souvient plus
De cette tragique histoire.

Celui qui la lui dirait
Aujourd'hui ne toucherait
Ni son cœur ni sa mémoire.

Mourez donc, pauvres petits
Au fond de mon cœur blottis.
Pour vous j'y ferai construire
Un tombeau sans ornement,
Où l'on verra seulement
Sa pâle image sourire.

# AUTRE

Feu ton amour, ma maîtresse,
Est donc mort subitement?
Je n'ai pu savoir comment:
A coup sûr pas de vieillesse.

J'aurais, non par politesse,
Mais le cœur en deuil vraiment,
Suivi son enterrement
Et fait chanter une messe.

Mais chez toi sa perte a fait
Si peu de bruit et d'effet
Que, malgré qu'il m'en souvienne,

Je ne suis pas convaincu
Qu'il soit mort de mort chrétienne,
Doutant fort qu'il ait vécu.

# AUTRE

Dᴀɴs de grands vases d'or j'ai recueilli la cendre
Des merveilleux espoirs que tu m'avais donnés.
Te les rappelles-tu, le jour où, nouveau-nés,
Ces fils de ton sourire entr'ouvraient leur œil tendre ?

Leur voix était si douce à qui savait comprendre
Les mots dans leur murmure errant emprisonnés !
Mais combien vivent-ils, les enfants condamnés
Que leur mère en ses bras n'a jamais voulu prendre ?

Les voici maintenant tels qu'ils sont devenus
Avant d'avoir quitté leurs berceaux ingénus,
Cendre froide, sans nom, sans forme, sans parole :

Je viens les déposer, mes bien-aimés défunts,
Parmi les fleurs, l'éclat des cierges, les parfums,
Sur l'autel où leur mère est changée en idole !

# AUTRE

Des baisers donnés, des baisers reçus
Les lèvres souvent perdent la mémoire.
Le livre d'amour est comme l'histoire :
Qui dira comment fut ce qui n'est plus ?

Mais quand l'obstiné souvenir demeure
Des baisers reçus, des baisers donnés,
Mille fois malheur aux abandonnés !
Ce qui fut n'est plus ; et qui chantait pleure !

# SURSUM

Quand je me sentis las de mon premier amour,
— Un voyage au ciel bleu qui dura deux années ! —
Je revins sur la terre ; et j'y trouvai le jour
Louche et faux ; et les fleurs me paraissaient fanées !

Tout cœur d'homme était vil, tout cœur de femme sourd ;
Toutes les voix hurlaient comme des voix damnées ;
Et l'air que respirait ce monde était si lourd
Que je fus haletant après quelques journées.

Alors je me traînai sur le sommet d'un mont,
Secouant de mes pieds la terre et son limon,
Hélant l'azur, tendant les bras au ciel superbe...

Ah ! Le soleil brillait là-haut divinement !
Et les oiseaux tapis auprès de moi dans l'herbe
S'envolaient tous avec un joyeux battement !

# SONNETS DES QUATRE SAISONS

# NOVEMBRE

Au loin dans le ciel pas une échappée !
L'azur, qui grelotte et craint le brouillard,
D'un nuage gris s'est fait un foulard.
Toute la nature est comme grippée.

La famille, autour du foyer groupée,
Dans le grand salon devise au hasard ;
Puis chacun écoute un petit vieillard
Qui conte une ancienne et folle équipée :

Tandis que, glissant des bras de l'aïeul,
Bébé joue avec le vieil épagneul,
Et qu'à la fenêtre une jeune fille

De son canevas brode le dessin,
Et, laissant parfois dormir son aiguille,
Regarde en dessous son jeune cousin.

# FÉVRIER

La ligne du gaz au fronton de pierre,
A travers la nuit, pose un long trait d'or ;
Et, près de l'entrée, un nom de ténor
Remplit sur l'affiche une ligne entière.

Minuit. Le dernier acte dure encor ;
Et, se faufilant contre la barrière,
Malgré les agents, l'ouvreur de portière,
Se glisse aux aguets jusqu'au corridor.

Le café voisin bruit, grouille et flambe.
Sous son waterproof les deux bras serrés,
La grisette à pied va d'un pas ingambe ;

Et des lycéens courent affairés
Pour voir une femme, aux laquais fourrés,
Monter en voiture en montrant sa jambe.

# MAI

Dᴀɴs son boudoir bleu la blonde Nini !
Ombrelle de soie et claire toilette,
Nouée au chignon la blanche voilette,
De tulle et d'œillets le chapeau garni.

Le sein gonfle et tend le corsage uni,
La petite main autour des yeux jette
Un soupçon de poudre à coups de houppette;
Et Nini s'admire en catimini.

La grande Psyché gaîment lui renvoie
Sa beauté, son frais sourire, sa joie
Tout ensoleillés par le mois de mai;

Tandis que dehors, dans la cour sablée,
La victoria l'attend attelée,
— Et là-bas le bois vert est parfumé!

# JUILLET

C'est l'heure du bain. La plage fourmille:
La mer étincelle ; et, tombant d'aplomb
Du haut du ciel bleu sur le sable blond,
Le joyeux soleil de juillet nous grille.

Jolis petits pieds chaussez l'espadrille.
O jupes, glissez : place au pantalon !
Il n'est pas trop large, il n'est pas trop long :
La jambe se voit comme la cheville.

Puis, le bain fini, chacun sort de l'eau :
Le costume alors colle sur la peau ;
Et, dans le peignoir de blanche flanelle,

La belle baigneuse a trop lentement
Caché le frisson de son corps charmant
Pour qu'il reste encor un secret en elle.

# TRADUCTIONS ET VARIATIONS

## D'APRÈS H. HEINE

# I

Mon cœur se plaint, mon âme pleure.
Le printemps vient; mais je suis seul...
Au pied du fort, sous un tilleul,
J'écoute errer les pas de l'heure.

Près de moi coule à petit bruit
L'eau du fossé, riante et claire ;
Un canot glisse et touche terre,
Puis tout à coup s'écarte et fuit.

Dans le lointain du paysage,
Se détachant sur l'horizon,
Rit au soleil une maison :
Un pré l'entoure, un bois l'ombrage.

Les gars aux champs vont sans souci
Pour écouter siffler les merles.

Un moulin tourne ; et l'onde en perles
Luit sur la roue et chante aussi.

Moi mes yeux vont sur la tourelle
A la guérite au toit pointu
Où, l'arme au bras, d'acier vêtu,
Un soldat veille en sentinelle.

Sur le fusil tremble un éclair !...
Mais c'est le jour qui joue et glisse.
Ce n'est pas toi, libératrice,
O mort, qui viens en fendant l'air !

## II


Assis sur des filets au seuil de la cabane,
    Nous regardons la mer.
Le soleil est couché, la nuit frissonne et plane
    Timidement dans l'air.


Au loin s'allume un phare, en rade un steamer fume,
    Et déjà son avant
Tourné vers l'horizon et perdu dans la brume,
    S'incline sous le vent.


Sur le temps et la mer chacun prend la parole.
    On songe aux matelots
Que l'infini des cieux seul repose et console
    De l'infini des flots.


Du nord et du midi, des plus lointaines plages
    Et de leurs habitants,

Des climats merveilleux, des coutumes sauvages
        On parle en même temps.


L'un décrit le soleil et les déserts d'Afrique,
        Et la Terre-de-Feu,
Et l'Inde éblouissante où, sous un ciel épique,
        Fleurit le lotus bleu.


L'autre dit les Lapons, peuplade abâtardie,
        Végétant dans des trous,
Mangeurs de poissons crus, à la tête aplatie,
        A la voix de hiboux...


Et, tandis qu'on devise ainsi, les jeunes femmes
        Ecoutent en songeant.
Le steamer disparaît, la lune sous les lames
        Vient vers nous en nageant...

# III

LA lune égrène en perles blondes
Son collier pâle sous les ondes.

Ma bien-aimée est dans mes bras;
Et nous parlons tous deux tout bas.

Ma bien-aimée écoute et songe;
Et dans la nuit son regard plonge.

« Est-ce le vent qui fait soudain
Trembler ainsi ta blanche main ? »

— « Non ce n'est pas le vent, dit-elle,
Ce n'est pas le vent qui m'appelle,

Mais ces voix qui montent dans l'air :
Ce sont les vierges de la mer,


Mes sœurs depuis longtemps parties,
Par l'Océan sombre englouties. »

## IV

Ils dorment les dieux ! Ils n'entendent pas
    Aux esprits du large
Les vents insurgés qui sonnent la charge
    Et le branle-bas.

Le petit esquif, comme une toupie,
    Tourne au bout du flot;
L'ouragan le fouette et le matelot
    Désespère et prie.

Il est déchaîné le démon des mers !
    L'eau se creuse en tombe,
Tournoie en cyclone ou s'élance en trombe
    Jusqu'aux cieux déserts.

L'orage en fureur ne veut pas de trêves.
    Moi, comme les dieux,
Pour ne plus rien voir je ferme les yeux
    Et poursuis mes rêves.

## V

Le vent fait rage; et, blancs d'écume.
Les flots cabrés brisent leurs freins;
L'effarement court sur leurs reins:
Leur voix hennit, leur croupe fume.

Le ciel se masse et retentit
D'appels soudains, de cris d'alarmes ;
Un clairon sombre y sonne aux armes.
Le monde entier se fait petit.

L'immense pluie en lourde trombe
Se précipite; et trouant l'air,
Cachant le ciel, cachant la mer,
Comme la nuit, sur le jour tombe.

Avec un cri sinistre et sec,
Autour du mât que le vent ploie,
Lugubrement râle et tournoie
Un grand oiseau claquant du bec.

# VI

Des cris furieux et stridents,
Et, comme un troupeau de cavales,
L'errant tourbillon des rafales
Passant dans l'air, l'écume aux dents.

La mer qui s'anime et se dresse
Et mord la carène en plein flanc,
Puis saute et s'ébroue en hurlant
Par tout le navire en détresse !

Les flots, dont la voix se répond,
Heurtant les portes des machines,
Dans les sabords, dans les cabines,
A fond de cale et sur le pont ;

Puis, meute aux gueules entr'ouvertes,
Cernant les marins éperdus
Qui tous, les mains, les bras tendus,
Le long des mâts grimpent alertes !

Hélas ! hélas ! qu'il ferait bon
Auprès du feu, dans nos familles,
Parler tout bas aux jeunes filles
Ou rire autour d'un vieux flacon !

# VII

Sur le penchant de ce coteau
Est un château.
Deux tourterelles
Ont fait leur nid dans ses tourelles,

Elles m'ont pris, couple mignon,
Pour compagnon
Et pour poëte ;
Et nous vivons dans la retraite !

Nous y vivons au jour le jour
D'un peu d'amour
Qui nous rassemble
Au fond du nid tous trois ensemble.

Ce sont des jeux, ce sont des cris,
Des baisers pris
Et mille choses
Dites tout bas par deux becs roses.

Mais un beau jour, — ai-je rêvé ! —
       Est arrivé
       En grande pompe
Un cavalier sonneur de trompe.

Derrière lui valets, piqueurs
       Et beaux seigneurs
       Avec leur meute
Et leurs chevaux faisaient émeute !

Dans notre asile ils sont venus,
       Ces inconnus !
       C'est une foule !
L'oiseau d'amour plus ne roucoule.

Car je suis seul au bord du nid :
       C'est bien fini.
       Pour une fête
Les tendres sœurs font leur toilette.

Perles, colliers, robes de bal
       Causent mon mal...
       En demoiselles
Ils ont changé mes tourterelles !

# VIII


Voici la maison de la bien-aimée !
Le petit oiseau qui chantait si bien
Partit un beau jour, sans qu'on en sût rien :
Et la cage est là muette et fermée !

Un homme se tient debout sur le seuil ;
Il se tord les mains, prie, appelle et pleure...
Dieux ! Le clair de lune un instant l'effleure ;
Et j'ai reconnu mon visage en deuil.

Spectre qui renais de ma douleur morte,
Quelle farce sombre oses-tu jouer ?
Sais-tu quede fois j'ai voulu clouer
Mon cœur épuisé contre cette porte ?

# IX

La pâle nuit du vieux décembre
En frissonnant subit le viol...
La jeune fille est dans sa chambre.

Le clair de lune à raz du sol
Vers son carreau rampe et regarde.
Un air de valse prend son vol

Dans le lointain. La voix criarde
D'un timbre antique a douze fois
Annoncé l'heure au corps de garde.

— « Quel est cet œil triste et narquois ?
Quel est ce front ? Miséricorde !
Quel est cet air et cette voix ? »

D'un violon râclant la corde
Un spectre est là, l'archet en main,
Qui semble attendre et qui s'accorde.

— « C'est bal, dit-il, jusqu'à demain.
Y venez-vous danser, ma belle ?
Le cimetière est déjà plein. »

La vierge sort; et devant elle
Le spectre va, du violon
Faisant crier la chanterelle.

Ses os heurtés tremblent le long
De tout son corps qui plie et grince.
Le sol gémit sous son talon;

Et sur sa tête osseuse et mince,
Orbitres creux et nez camard,
Bouche sans dents qu'un rictus pince,
Le clair de lune erre, blafard.

## X

Sans que ton jarret plie une seconde.
Tu portes le monde, ô géant Atlas !
Mais moi si petit et si faible, hélas !
Je porte mon cœur plus pesant qu'un monde.

Mes reins sont brisés, la sueur m'inonde,
Mon oreille tinte un funèbre glas.
De crier toujours en vain je suis las :
Je n'entends jamais de voix qui réponde.

O cœur orgueilleux, tu n'as pas voulu
D'un destin vulgaire ; et ta folle audace
En joie ou douleur rêva l'absolu.

Réjouis-toi donc : Dieu t'a fait la grâce,
O cœur orgueilleux, de laisser porter
Le poids tout entier sur toi sans compter.

# XI

Se peut-il qu'une larme vienne
Obscurcir encor mon regard ?
La pauvrette arrive en retard :
C'est déjà de l'histoire ancienne.

Que de sœurs elle eut autrefois !
Maintenant qui se souvient d'elles ?
Mon amour a fermé ses ailes
Et le vent a couvert sa voix.

Comme flotte au ciel une brume
Sans ternir son azur vainqueur,
Peine et joie au fond de mon cœur
N'ont jamais laissé d'amertume.

Pauvre larme, ô dernier adieu
De l'amour des jeunes années,
Le soleil a bu tes aînées :
Rejoins-les dans le grand ciel bleu.

## XII

Tes doigts de lys, tes doigts de neige,
Contre mes lèvres quand pourrai-je,
Noyé de pleurs, mourant, sans voix,
Les presser encor une fois ?

Tes grands yeux clairs de violette
Que nuit et jour mon cœur reflète,
Oh ! dis-moi, que me veulent-ils,
Ces deux sphinx bleus sous leurs grands cils ?

## XIII

La vie est bien courte : homme, crains le diable,
Et tâche que Dieu te prenne à merci !
Car l'enfer existe et son prince aussi,
Et l'éternité n'est pas une fable.

La vie est bien longue : homme, il faut payer
Ce qu'on doit aux gens ; car le crédit s'use.
Demain, comme hier, pour loger ta muse,
Ne t'en faut-il pas près de ton portier ?

La vie est bien triste : homme, il faut y mettre
Beaucoup de folie, un peu de raison ;
Et, quand le malheur hante la maison,
Pour voir le ciel pur ouvrir la fenêtre.

# XIV


Le soir venu, lorsque mon labeur cesse,
Quand pour dormir je m'étends sur le dos,
Une ombre aimée erre dans mes rideaux
Et de ses yeux me verse la caresse.

Quand le sommeil obscurcit mes yeux las
Et que sur moi s'ouvre l'azur d'un rêve,
Dans sa clarté la chère ombre se lève,
Sereine et douce, et ne me quitte pas.

Puis le matin, quand toute ombre s'exile,
Fuyant au ciel l'éclat du soleil d'or,
Celle-là reste et me sourit encor;
Et tout le jour mon cœur lui sert d'asile.

## XV

Chère petite aux lèvres roses,
Aux jolis yeux naïfs et doux,
Rideaux tirés et portes closes,
Souvent, toujours, je pense à vous.

Qu'une soirée en plein décembre
Est triste, seul au coin du feu !
Qu'il ferait bon dans votre chambre
Causer tout bas, s'aimer un peu !

Qu'il ferait bon dans vos mains d'ange
Sentir mon front se reposer,
Et sur leurs doigts prendre, en échange
De tant de pleurs, un seul baiser !

## XVI

Ma pâleur ne t'a point suffi
Et tu veux de moi des prières !
A ton gré mes lèvres sont fières :
Leur silence est comme un défi !

La fierté de ma lèvre est telle
Qu'elle boit chacun de mes pleurs ;
Et jamais rien de mes douleurs
Devant toi ne sortira d'elle.

Prompte au rire, habile au baiser,
Sous sa flèche orgueilleuse et libre,
Le sarcasme en tend chaque fibre,
O mon cœur, dût-il te briser !

# XVII

C'était pour rire ! — En badinant
Vous me disiez de tendres choses...
Mais vous mentiez, ô lèvres roses,
D'un air si doux que maintenant
Mon cœur est pris, en badinant !

Mon cœur est pris ! — Tu peux, mignonne,
En badinant, me planter là ;
Mais, si tu fais jamais cela,
Je n'entendrai rire personne :
Je me tuerai d'abord, — mignonne !

# XVIII

Moins douce, ô lune, est ta lueur
Des cieux en deuil dorant les ombres
Que ce tableau d'un temps meilleur
M'apparaissant aux heures sombres.

Nous descendions un soir d'été
Le cours du Rhin. Des vapeurs blondes,
Brouillard d'azur et d'or teinté,
D'un vol léger rasaient les ondes.

Les passagers couvraient le pont
Et se penchaient, têtes pensives,
Sur le flot clair, pour voir au fond
Le bleu du ciel, les fleurs des rives.

Et moi, j'étais presque à vos pieds,
Cher ange aimé de ma jeunesse,

Je contemplais vos yeux noyés
De rêverie et de tendresse.

Des luths vibraient autour de nous,
O joie infinie et sonore!
Le ciel plus bleu devint plus doux
Et mon âme grandit encore.

Mon âme monta vers vos yeux
Qui reflétaient, comme une eau pure,
Les fleurs, les prés, les bois, les cieux,
Tous les trésors de la nature.

## XIX

Mon cœur se serre. Tristement
Je songe aux antiques années
Où le globe pur et charmant
Portait les races fortunées.

Mais à présent, quelle rumeur
Sur ce globe où rien n'est en place !
Le Seigneur Dieu là-haut se meurt
Et le diable là-bas trépasse.

Tout prend un air de vague ennui,
Tout se fane et se décrépite;
Et, sans nos deux cœurs, aujourd'hui
L'amour n'aurait plus un seul gîte.

# XX

Mille soucis m'obsédaient nuit et jour ;
Et mon front las pliait sous ma pensée.
Mais la fatigue était bientôt passée,
Lorsque tes yeux me versaient leur amour.

Et maintenant sous leur caresse tendre
Je me repose et veux vieillir ainsi...
T'aimer devait être mon seul souci :
J'ai mis longtemps cependant à l'apprendre.

## XXI

Vous êtes comme une fleur
Qui frissonne sur sa tige :
Papillon ailé du cœur,
Mon amour sur vous voltige !

Vous êtes comme une fleur
Née à peine et demi-morte :
Vous en avez la pâleur,
Le même vent vous emporte !

Vous êtes comme une fleur
Qui livre au sort qui la frappe
Ses feuilles et sa couleur,
Dont l'âme en parfums s'échappe.

# XXII

C'est bal ce soir. Dans les salons
La foule est grande; et les croisées,
D'où sort un bruit de violons,
De mille feux sont embrasées.

Sur les rideaux étincelants
Une ombre tremble à la fenêtre.
Un frisson court dans leurs plis blancs :
Ils vont s'ouvrir... C'est toi peut-être...

C'est toi qui viens... Hélas! Déjà
Quelqu'un s'approche; et, preste et souple,
Sans avoir vu que j'étais là,
Fuit en tournant le léger couple.

Tu n'as pas vu non plus mon cœur,
Mon cœur qui saigne et qui palpite,
Plus qu'à demi-mort de douleur...
Mais tu ne sais rien voir, petite!...

# XXIII

Je n'ai voulu jeter qu'un cri;
Mais ma douleur y tenait toute.
Le vent passait, le vent le prit
Et l'emporta vers toi, sans doute.

Tu l'entendras vibrer souvent,
Ce cri d'angoisse, à tes oreilles.
Méchante enfant ! J'ai dit au vent
D'en torturer toutes tes veilles.

Pendant la nuit, pendant le jour,
Quand tu t'endors, quand tu te lèves,
Il m'a promis que mon amour
T'obséderait jusqu'en tes rêves.

# XXVI

J'habitais en rêve un grand palais bleu ;
Tout autour de moi les saints et les anges,
Assis au lutrin, chantaient mes louanges :
        J'étais le bon Dieu !

J'avais dans mon verre et dans mon assiette
De quoi régaler cinquante prélats ;
J'avais les deux mains pleines de ducats,
        Et pas une dette!

Cet excès de biens m'ennuyait pourtant.
J'aurais préféré revenir sur terre
Ou, las d'être Dieu, pouvoir, au contraire,
        M'appeler Satan.

« Ange Gabriel, vole à perdre haleine,
M'écriai-je alors, va chercher, parmi
Les pâles mortels, mon meilleur ami,
        Et me le ramène.

« Ne le cherche pas, crois-en le bon Dieu,
A l'école ou bien près d'un bréviaire.
Cherche le plutôt près d'un pot de bière,
  Ou près d'un œil bleu. »

Je dis, et voilà qu'il se précipite,
Plus prompt que l'éclair, l'ange Gabriel,
Et prend aux cheveux et m'apporte au ciel
  Le gros sybarite.

« Mon vieux compagnon, dis-je, savais-tu
Que j'étais bon Dieu ? Vois ma résidence !
Je l'avais prédit: c'est la récompense
  Due à ma vertu.

« Tout mon temps se passe en joyeux spectacles.
Ouvre bien les yeux : je veux aujourd'hui
Te montrer Berlin, soudain réjoui
  Par quelques miracles.

« Vois, par un pouvoir secret soulevés,
Tandis que chacun entr'ouvre ses vitres,
Tout à coup fendus et changés en huîtres,
  Sortir les pavés.

« Il tombe sur eux une pluie étrange
De jus de citron; et, dans les ruisseaux,
Tout ce qui restait de fétides eaux
  En vin vieux se change.

« On mange au palais, on mange au comptoir,
Dans son tribunal le juge ripaille ;
Et le bourgeois trinque avec la canaille
          Au bord du trottoir.

« La liesse au cœur des poëtes rentre.
A voir le bon Dieu s'amuser ainsi ;
Et les officiers pour boire à merci
          Sont tous à plat ventre.

« Car les officiers ont l'esprit malin.
Ils songent, tandis que rit le poëte,
Qu'on n'a jamais vu qu'une telle fête
          Eût un lendemain. »

# XXV

Je vous ai quittée au mois de juillet.
Voici que janvier vers vous me ramène :
Votre cœur alors, tout l'ensoleillait ;
Frileux maintenant, il ne bat qu'à peine.

Encor un départ ! Encor un retour
Et vous n'aurez plus ni flamme, ni glace ;
Mais l'herbe des morts croissant tout autour
A mon cœur vieilli dira votre place.

# XXVI

Dᴇʀɴɪᴇʀs baisers des lèvres qu'on sépare !
Derniers regards de deux beaux yeux aimants !
Et vous surtout, ô derniers battements
D'un cœur chéri qu'on recueille en avare !

L'éternité comme un rêve eût passé
A te tenir dans mes bras demi-morte !...
Mais les chevaux hennissaient à la porte,
Le postillon en selle était placé.

O mon amour, la vie est ainsi faite :
Toujours des pleurs, des deuils et des adieux !
Tout ce qui s'aime et s'unit sous les cieux
Doit se quitter lorsque la noce est prête.

Un seul instant vous vous êtes ouverts,
Bras dont l'étreinte aurait su me défendre ;
Et cet instant que nul ne peut nous rendre
Suffit pour mettre entre nous l'univers !

# XXVII

Les maisons dorment. Dans la nuit
Leur silhouette se profile.
L'œil et l'oreille au guet, sans bruit,
Le long des murs je me faufile.

Minuit sonne au timbre traînant
D'une vieille horloge enrhumée...
La main au loquet, maintenant,
Elle écoute, ma bien-aimée !

Ouvre ta porte : me voici,
Impatiente tête brune ;
Mais laisse-moi dire merci
A mon ami le clair de lune.

Cher compagnon silencieux
Dont le falot guida ma route,
Bonsoir, ami, va : sous les cieux
Quelqu'un t'appelle à lui, sans doute.

Quelqu'autre amant abandonné
Par cette nuit se désespère...
Va consoler l'infortuné,
Comme tu fis pour moi, naguère !

# XXVIII

Un réseau d'ombres emprisonne
Les prés, les champs et la forêt ;
L'azur pâlit, le vent frissonne,
La lune à l'orient paraît.

Un grillon de sa chanson vive
Lutine le ruisseau qui dort :
Un clapotement bat la rive,
Un bruit léger de l'onde sort.

C'est un elfe errant à la brune,
Rasant du pied l'herbe et le jonc,
Qui prend son bain au clair de lune
Et vient de faire le plongeon.

# XXIX

Dans les arbres blancs de givre
Entends-tu le vent souffler?
Vois-tu le ciel se voiler?
Tout a donc cessé de vivre?

Les prés, la forêt, vois-tu
Que de morts dans la campagne?
Et ton cœur? Le froid le gagne,
L'hiver a tout abattu.

Soudain voici qu'une averse
De blancs flocons t'a couvert.
Quoi? la neige du désert
Que sur toi le vent disperse?

Ce n'est pas la neige. Attends.
C'est la brise qui te jette
Au nez, paresseux poëte
Le blanc bouquet du printemps.

Doux frissons ! Mai joyeux sème
Une neige tout en fleur.
L'hiver fuit comme un voleur ;
Et de nouveau ton cœur aime !

# XXX

Mai vient. Les fleurs demi-closes
Regardent, clignant des yeux,
Au fond des espaces bleus
Passer des nuages roses.

Le rossignol dans les bois
Donne au printemps des aubades ;
Les merles font des roulades...
Moi seul je n'ai pas de voix.

Dans mon cœur, oh ! comme il neige !
J'écoute, à terre étendu,
Un son de cloche perdu ;
Et je rêve... A quoi ?... Le sais-je ?

# XXXI


Au fond du ciel cheminent les étoiles.
Leurs petits pieds dorés vont dans la nuit.
La terre au loin sommeille dans ses voiles :
Elles ont peur de faire trop de bruit.

Le vent s'arrête, et la forêt s'est tue.
Dans chaque feuille une oreille est au guet.
Le mont qui dort, sur la plaine abattue
Lève en rêvant son long bras inquiet.

Qui donc appelle ? En mon âme fermée
L'écho résonne et se plaint longuement...
Serait-ce toi, voix de la bien-aimée ?
O rossignol, est-ce toi seulement ?

# XXXII

Il était un vieux roi, cœur usé, chef branlant.
Or le vieux roi prit jeune femme.
Il était un beau page, à l'air tendre et galant,
Aux cheveux blonds, au cœur de flamme.

Dans les jours de gala la jeune reine avait
Une robe de moire bleue.
Derrière elle, debout, quand elle se levait,
Le beau page en portait la queue.

Cette vieille chanson qui sonne comme un glas
Que des voix plaintives murmurent,
Cette vieille chanson, vous la savez, hélas !
Tous deux s'aimaient : ils en moururent.

# FINS DE ROMANS

# QUESTION

Es-tu donc, ma chère âme, une mauvaise fée ?
Et, pour avoir aimé d'un amour si profond
Que le regard de Dieu seul en a vu le fond,
Est-il vrai que ma vie en fleur soit étouffée ?

Hélas ! De cet amour j'aurais fait un trophée,
Comme dans leur orgueil les poëtes en font,
Qu'on aurait vu planer, éblouissant plafond,
Sur ta tête de myrte et de lauriers coiffée !

J'aurais fait sur ta vie éclater tout à coup,
Dans un effort splendide, une fanfare telle
Que son seul souvenir t'eût rendue immortelle ;

Mais voici maintenant que ma force est à bout
Et que je laisserai mon œuvre inachevée,
Pour l'avoir trop longtemps, trop près de toi, rêvée.

# CHANSON

Je te disais que je souffrais;
Mais au récit de tant de peines
Toi, tu fermas tes yeux distraits.

Séchant alors mes larmes vaines,
Je les chantai, ces yeux distraits :
Ton cœur soudain comprit mes peines.

Et jamais plus, quand je souffrais,
Je n'ai versé de larmes vaines.

# ANNIVERSAIRE

A vous, mignonne, cette année,
A vous seule je n'enverrai
Ni compliment fade et sucré,
Ni bonbonnière satinée.

Sans vous revoir je passerai
Cette première matinée.
De vous seule, ô chère obstinée,
Cependant je me soucierai.

Hélas ! Dans ma petite chambre,
La dernière nuit de décembre
Quel joli souper l'an passé !

Au premier verre de champagne
Ton cher cœur battait la campagne...
Qui donc l'a si tôt dégrisé ?

# VAINES PAROLES

Sur un air de vieille romance
J'ai voulu noter mon chagrin ;
Et j'ai fait un petit refrain
D'une douleur qui fut immense.

Au salon, les derniers hivers,
Devant les dames en toilette,
Entre deux chansons d'opérette,
J'ai souvent récité ces vers.

Les vieilles femmes pâmaient d'aise,
Les plus jeunes ne disaient mot ;
Mais leurs grands yeux parlaient bien haut ;
Et toutes entouraient ma chaise.

Je ne sais pas si j'aurais pu,
Parmi ces fleurs blondes et brunes,
En cueillir pour moi quelques-unes...
Et plus d'un, sans doute, l'a cru. .

Mais je sais bien que la plus belle
Assise en un coin d'un air las
S'ennuyait et n'écoutait pas...
Et mes vers n'étaient que pour elle !

# EXPLICATION

Vous les avez, ces yeux de violette
Dont se plaignait Henri Heine amoureux,
Ces yeux si doux qu'on ne sait s'il regrette
D'avoir souffert, puisque c'était pour eux.

Ceux-là, que nul souvenir n'inquiète,
N'en craignent pas l'attrait mystérieux ;
Mais moi je sais les chagrins du poëte,
Et j'ai connu des yeux comme vos yeux.

Mignonne, un jour, sur sa tige penchée
Je vis trembler une vivante fleur
A tous les yeux timidement cachée.

Mes doigt distraits l'ont à peine touchée :
Je ne voulais qu'admirer sa couleur :
Et j'ai cueilli ma honte et ma douleur.

# VOYAGE INUTILE

Je suis allé dans la contrée
De l'oranger et du ciel bleu
Pour oublier de tout un peu,
Ma peine sue et l'ignorée.

J'ai baisé la gorge dorée
De la Napolitaine en feu ;
J'ai vu le Pape égal de Dieu
Et la Sixtine délabrée.

Au grand soleil étincelant
J'ai vu Tunis en burnous blanc ;
J'ai fait la sieste où fut Carthage ;

J'ai bu dans l'outre du Bédouin...
J'aurais pu m'en aller plus loin ;
Mais ma peine était du voyage.

# TRISTESSE

Dans la profonde nuit, au fil de mes pensées,
Oh ! comme je m'en vais mélancoliquement,
Baignant dans leur flot triste et leur isolement
Des blessures qui n'ont jamais été pansées !

Jadis un premier coup frappa mon cœur aimant :
Riche d'illusions aujourd'hui dépensées,
Je crus que mes douleurs seraient récompensées :
Car souffrir me semblait un renouvellement.

Les coups ont redoublé. Tout fumant de la lutte,
Me retrouvant en vie au bout de chaque chute,
Les armes à la main, j'ai crié : « Gloire à Dieu ! »

Les coups ont ralenti, puis cessé ; puis la foule,
Le bruit, l'éclat se sont en allés peu à peu...
Le vent gémit, le ciel est vide, le flot coule !

# SPLEEN

·Uɴ prompt dégoût m'arrête au seuil de tout plaisir;
L'ambition m'aigrit et l'ennui me consume;
Je ne sais quel démon stérilise ma plume;
Et mon cœur ne sait plus où poser son désir.

Comme un fer mal forgé je voudrais me sentir
Par le marteau de Dieu rejeté sur l'enclume;
Ou bien, jetant ma vie ainsi qu'un vieux costume,
De celle du voisin je songe à me vêtir.

Le rêve est vain. L'élan loin du but m'abandonne;
Je retombe; et fixant d'un regard monotone
Mon feu qui devient cendre et sa clarté qui meurt,

Las d'étendre les bras et de ne rien étreindre,
Le cerveau fatigué de sa propre rumeur,
Je souffre d'une envie immense de m'éteindre.

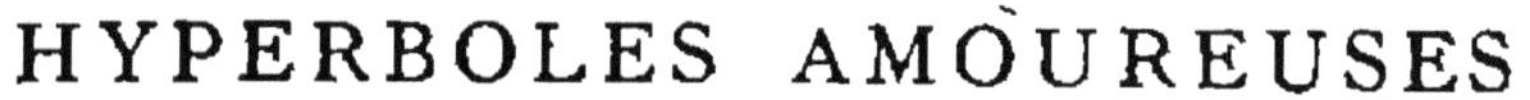# HYPERBOLES AMOUREUSES

# PÉNITENCE

Devant vous, Madone à l'œil bleu,
Pendant toute cette semaine,
En dévot fervent j'ai fait vœu
De réciter une neuvaine.

Plus sévère que le bon Dieu,
Rendrez-vous ma prière vaine ?
Madone, je demande peu :
Ce que vous voudrez pour ma peine.

A moins que, me voyant ainsi
Absorbé par le cher souci
De vous aimer et de vous plaire,

Vous ne pensiez, le cœur touché,
Que je suis pur de tout péché
Et puis rentrer au sanctuaire.

# ROMANTIQUE

La gorge me brûle et mon cœur se trouble !
J'ai bu sur ta lèvre un breuvage amer
   Comme l'eau de mer,
Maîtresse, et voici que ma soif redouble !

Ton amour est-il un poison mortel ?
Verse alors, maîtresse ; et qu'en un quart d'heure
  Je t'aime et je meure,
Emportant en moi l'enfer et le ciel.

Et qu'en expirant près de toi, je touche,
Je sente, je presse et possède encor
   Tes longs cheveux d'or
Et les fleurs de feu de ta chère bouche !

# MYSTIQUE

J'ai fait de ma pensée une Bible où j'épelle
Le cantique infini de tes perfections ;
Et dans mon cœur je t'ai construit une chapelle
Pleine d'encens, de fleurs et de processions.

J'ai fait de mon amour un redouté cilice
Dont, la nuit, quand ma chair faiblit, je me revêts ;
Et de ton souvenir j'ai rempli le calice
D'où la force me vient contre l'Esprit mauvais.

Et j'ai fait de ma vie un holocauste unique
Où j'ai tout immolé, rêve et réalité,
Pour que rien d'ici-bas ne souillât ma tunique
Quand je t'aborderai dans notre éternité.

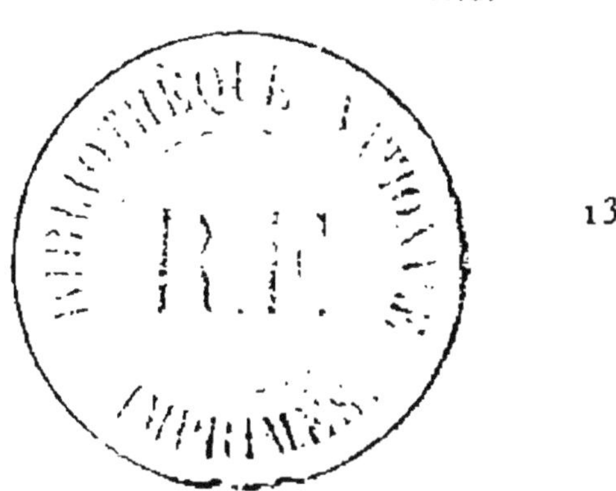

13

# LA MADONE

Vous avez tour à tour connu les jours de deuil,
L'espérance, la joie et la richesse altière ;
Votre bouche a baisé l'amour et sa poussière ;
Mais vous avez vécu sans plainte et sans orgueil.

Toujours votre regard, ainsi qu'une lumière,
S'avance vers l'ami qui franchit votre seuil ;
Et votre douce voix lui fait un tel accueil
Que son cœur à vos pieds souvent reste en prière.

Votre main blanche est tendre à nos afflictions,
Et, vide, elle a souvent de sublimes oboles.
Le parfum de votre âme erre dans vos paroles.

Et celui qui vous aime, en ses contritions,
Doutant de quelles fleurs Dieu fit votre couronne,
Lui demande pardon d'aimer une madone.

# DANS LE BLEU

De Pétrarque à Musset, de Dante à Lamartine,
Les noms que le génie a donnés à l'amour
Ne me suffisent pas pour nommer à son tour
L'inexprimable rêve où mon âme s'obstine.

Car cette âme, sur qui tant de monde piétine,
Qui se traîne par terre et qui boîte le jour,
A des ailes la nuit ; et l'aigle et le vautour
Ignorent les sommets qu'elle seule devine.

Là, si grand est l'espace autour d'elle étendu,
Que la terre y paraît à peine un point perdu
Qu'une invisible main dans l'infini promène.

Et c'est si rarement, de si loin, de si bas
Qu'y monte le vain bruit de la parole humaine,
Que les calmes échos ne lui répondent pas.

# PESSIMA VERBA

# INVITATION A LA PROMENADE

L'ame humaine, elle aussi, contient des catacombes,
Des oubliettes, des abîmes et des tombes,
Où la chaleur, où la lumière de l'amour
Est inconnue ainsi qu'aux souterrains le jour.

Une ombre s'en projette, un vent froid s'en échappe
Qui met une pâleur à tous les fronts qu'il frappe.
Les bruits de l'univers et les feux du soleil
N'osent pas déranger leur redouté sommeil
Et la sinistre nuit, comme une noire houle,
Le long de leur parois à l'infini se roule.

Il faut, pour pénétrer dans ce funèbre trou,
Un cœur d'aventurier, de poète ou de fou,
Ou bien un cœur de fille, un cœur cruel, avide
D'avoir l'émotion du vertige et du vide,

Qui pour la volupté d'un frisson donnerait,
— Tant le vice et l'amour sont pour lui sans secret, —
Tout ce que ce bas monde a d'insipide joie,
Un cœur tel que le vôtre enfin, — un cœur de proie !

Venez donc, donnez-moi la main et descendons
Dans cette âme qui n'a ni pitié, ni pardons,
Ni tendresse à donner, mais qui se tait et souffre
Vide, désespérée et sombre, tombe et gouffre !
Descendons jusqu'au point où nous manquera l'air,
Où nul ne se souvient du ciel, sentant l'enfer.
Vous pourrez à loisir, le long des labyrinthes,
Poser ce joli pied sur les cendres éteintes
Et sur les ossements de mille et mille amours
Qui vivants ne savaient dire qu'un mot : toujours !
Et vous pourrez palper, de votre main gantée,
Ces murs où sue encor la mort épouvantée,
Frapper le sol sonore, y mesurer le bruit
Que font les pas humains dans une telle nuit.
Puis, lorsque vous serez dans l'endroit le plus sombre,
Vous pourrez regarder de quoi s'occupe l'ombre,
Interroger l'abîme et voir s'il est profond
En jetant des cailloux et des rires au fond !

# LE FAUX SPHINX

Quand je penche mon front sur ma main, quand je ferme
Mes yeux las du spectacle amer de ta beauté,
Je puis croire parfois que tout s'est arrêté
Et que le monde et moi nous arrivons au terme.

Mais alors ta main froide et dure, en se posant
Sur la mienne, m'éveille ; et je vois toutes choses
Reprendre leur besogne, et les heures moroses
De nouveau cheminer sous le soleil pesant.

De nouveau le souci de t'aimer me pénètre,
Et la vaine recherche et le doute sans fin.
J'interroge tes yeux, ta bouche et sur ton sein
La place immaculée où le cœur bat peut-être.

Mais quel mortel a vu si ce cœur remuait !
Ton calme et ta beauté sont choses éternelles !

Le vide affreux habite en tes claires prunelles,
Sur ta bouche impassible : en toi tout est muet !

Ainsi mon cri d'amour monte, inutile éloge,
Sans te faire plaisir, ni peine ; et sans répit,
Tu m'imposes pourtant ce supplice maudit,
Sphinx qui ne peux répondre et veux qu'on t'interroge.

# MÉNAGERIE

Vous êtes nés de ma détresse
Et de mon amour accouplés ;
Et la fureur dont vous tremblez
Vient des rires de ma maîtresse !

O mes poèmes, vous allez
Librement, sans collier ni laisse ;
Mais il suffit d'une caresse,
D'un mot : vous voilà muselés !

,Alors, sous la main qui vous flatte,
Vous venez, faisant le gros dos,
Mendier des rognures d'os :

Et, pour faire sauter la rate
Des polissons et des badauds,
Elle vous fait donner la patte !

# INELUCTABILE FATUM

Ils se sont élevés jusqu'au faîte suprême,
Jusqu'à l'apothéose et l'adoration,
Les rêves de mon cœur; et de ma passion
J'ai fait une couronne autour du front que j'aime.

Puis un jour s'est brisé le divin diadème;
Sous le poing forcené des désillusions,
Pétrifié, j'ai vu pleuvoir tous ses rayons;
Et j'ai sur mon amour appelé l'anathème!

Les cieux ont répondu, le tonnerre est tombé.
Sous un joug implacable il s'est enfin courbé,
Ce front qui m'insultait, fier, innocent, sans rides...

Hélas! et, jeune encor, les traits durs et vieillis,
J'ai vu mon cher amour mendier, les mains vides;
Et j'ai pleuré de voir tous mes vœux accomplis!

# RÉVOLTE

Comme un coup de fouet sur le flanc
D'un étalon cabré, ton rire
A cinglé mon cœur pantelant
Et mis le comble à son délire.

Tous ses liens ont éclaté ;
Et, pour te fuir, vers les nuées,
Dans l'orgueil de sa liberté,
Ses détresses se sont ruées.

Son galop sauvage à travers
Les espaces bleus et tranquilles
A mis tout le ciel à l'envers,
Renversé les astres par files.

Jusqu'au soleil, comme à l'assaut,
Aveuglé de sang et d'audace,

Il a voulu monter d'un saut
Et le regarder face à face...

Or depuis, personne n'a su
S'il reviendrait jamais sur terre...
La grande flamme l'a reçu
Et l'a gardé dans son mystère.

# LE COUP SUPRÊME

Mon cœur! mon cœur! mon cœur! sois de pierre et de fer;
Et, comme un lourd boulet qui dévaste et qui tue,
Va-t'en frapper tout droit le sein de la statue
Où se meurtrit jadis ton innocente chair.

Puis, quand elle sera, masse inerte, abattue,
Telle sur le sol noir qu'une épave à la mer;
Lorsque le vent poudreux souillera son flanc clair
Et que la voix humaine au loin se sera tue;

Alors, ton œuvre faite, à ton tour disparais
Dans quelque trou profond ou dans quelque marais;
Dors auprès des crapauds, des vers ou des cloportes,

O cœur ardent et doux où l'amour palpitait,
Où l'illusion tendre et naïve chantait!...
O cœur pétrifié! sang tari! fibres mortes!

# CARNASSIERS

Mes malédictions, comme un vol de corbeaux,
Par le vent furieux de ma haine emportées,
Sur ton bonheur et ton amour se sont jetées,
Avides d'en fouiller du bec les vains lambeaux.

Mais ton bonheur et ton amour étaient si beaux
Et si fiers, qu'autour d'eux les haines arrêtées
Changeaient leur âpre vol en brises veloutées,
Et que les oiseaux noirs fuyaient leurs clairs flambeaux.

Mais voici que la bande est alors accourue
Tout entière vers moi, poussant des cris sans fin.

Or, aux bêtes de proie il faut de la chair crue
Que le sang assaisonne, et non miettes de pain.

C'est pourquoi mon cœur seul a satisfait leur faim
Par l'attente et par la colère encor accrue.

# LASSITUDE

Si quelque jour tu venais
     Frapper à ma porte,
En me criant : « Je renais,
     Moi que tu crois morte !

« Je vis, je t'aime : partons !
     C'est moi  qui t'enlève.
Le ciel est vaste : sautons
     En croupe du rêve !

« Laissons les hommes aller
     Où l'instinct les mène,
Laissons croupir et hurler
     La sottise humaine.

« Laissons les larmes tomber,
     Les pierres se fendre,

Et les têtes se courber
    Et les cœurs se vendre.


« Laissons la nuit et le jour
    Se chasser l'un l'autre ;
Et n'ayons plus en amour
    Souci que du nôtre.


« Cet amour ceindra nos fronts
    De mille étincelles ;
Et tous les deux nous aurons
    Une paire d'ailes ;


« Et tous les deux, mon ami,
    Loin des turpitudes,
Nous nous en irons parmi
    Les béatitudes ! » ...


Je te répondrais : « Non, non,
    La course est lointaine.
Cherche un autre compagnon :
    Je manque d'haleine.


« Trop souvent je suis parti ;
    Trop souvent, ma belle,
Dans nos courses j'ai senti
    Se briser mon aile.

« Les caresses de tes yeux,
      Hélas ! disparues,
M'ont jadis promis les cieux :
      Et je les ai crues !

« Tes baisers m'ont transporté
      Bien haut dans l'extase ;
Puis tu m'as précipité
      De là dans la vase !

« Dans la vase, depuis lors,
      Meurtri de ma chute,
Le cœur mort et les sens morts,
      Vainement je lutte.

« Quand même tu me tendrais
      Ta main et ta bouche,
Je ne puis ni ne voudrais
      Quitter cette couche.

« Je suis las, j'y veux trouver
      La paix d'une tombe.
Je crains trop pour me lever
      Que je ne retombe. »

# LA BLESSURE ÉTERNELLE

Dans la chair du passant tel entre le poignard
Qu'un meurtrier, debout au détour d'une haie,
Y plonge jusqu'au manche et laisse dans la plaie,
Tel au cœur du poëte entre et reste un regard.

Défaillant il l'emporte et s'affaisse à l'écart.
Ses yeux sont obscurcis et sa langue bégaie ;
Et le geste incertain de ses longs bras effraie
L'ami qui de ses pleurs voudrait prendre une part.

Comme Job il demeure assis dans sa vermine,
Laissant sa barbe croître et couvrir sa poitrine,
Silencieux parfois jusqu'à l'éternité !

Et plus tard, s'indignant que, rebelle à la tâche,
Il n'ait pas dit son nom et chanté sa beauté,
La femme qu'il aima dira : « C'était un lâche ! »

# A CELLE QUI LUI RESSEMBLE

Toi qui passes, tes cheveux blonds
M'ont rappelé la bien-aimée;
Et le bruit sec de tes talons
Sonne dans mon âme fermée.

La bien-aimée était ainsi!...
La bien-aimée était si belle !
Toi qui passes, si belle aussi,
Viens-tu donc pour me parler d'elle ?

Ne parle pas, tais-toi, tais-toi !
Tu n'aurais pas sa voix divine.
Va-t'en plutôt : fixés sur moi
Tes yeux me brûlent la poitrine.

Mes souvenirs, comme des chiens,
Ont flairé l'odeur de tes traces.

Voici qu'ils cherchent d'où tu viens :
N'es-tu pas elle, toi qui passes ?


Oh, parle moi ! Ses grands yeux bleus,
Et son sourire de rebelle,
Et ses longs cils d'or, ce sont eux !
Réponds moi donc, n'es-tu pas elle ?


Ecoute : elle avait le cœur dur
Des amazones que ne dompte
Ni frein doré, ni frein d'azur ;
Et mon amour lui faisait honte.


Ni les cadeaux, ni les chansons,
Ni les caresses raffinées
N'attendrissaient les froids rayons
De ses prunelles obstinées.


Mais, quand mes larmes jaillissaient
Parmi mes sanglots et mes plaintes,
Ses deux lèvres se retroussaient
Vibrant de joie et de sang teintes.


Quoique brisé, quoique vaincu,
Sa haine encore envenimée
M'accusa d'avoir survécu
Com me un lâche, — l'ayant aimée.

Enfin !... tes yeux sont pleins d'effroi,
Ton cœur se gonfle et bat de l'aile !...
Aurais-tu donc pitié de moi ?
Va-t'en, va-t'en : tu n'es pas elle !

# HYPOCONDRIE

# MESSE DE MARIAGE

Flambeaux étincelant au fond de la chapelle,
Flots d'encens qui montez autour des fiancés,
Chants de l'orgue attendri, mains jointes, fronts baissés,
O fleur de l'oranger brillant sous la dentelle !

Neige d'un sein de vierge où l'amour bat de l'aile !
Lèvre pâle et tremblante où dorment les baisers !
Langueur des longs regards si doucement croisés
Qui s'allument soudain de la même étincelle !...

Les flambeaux vont s'éteindre et les chants se tairont,
La fleur de l'oranger glissera de ce front
Dans le mystère ardent de la nuit nuptiale !...

Toi qui souris peut-être à ton dernier beau jour,
Sais-tu combien de temps tu vas demeurer pâle,
Pauvre enfant, du baiser qu'appelle ton amour ?

# BOURRASQUES

Un long souffle sinistre et strident a passé,
Un gémissement sourd est venu des grands chênes,
Des géants inconnus ont secoué leurs chaînes,
Des chevaux ont henni ; puis tout bruit a cessé.

Mais l'ouragan est là : son cri l'a dénoncé !
L'homme l'a reconnu : vers les huttes prochaines
Il fuit ; et la tempête, en balayant les plaines,
Le précède et l'annonce à son toit menacé.

Malheur à qui n'a pas compris les bruits funèbres ;
Car la meute est sur lui, de son souffle enflammé
Faisant courir l'horreur le long de ses vertèbres.

Malheur au roi distrait qu'on surprend désarmé :
Pour le frapper alors jamais les mains ne tremblent :
Les vents sont sans pitié, les peuples leur ressemblent.

# BOUTADE FUNÈBRE

Vous vous en irez tous à l'improviste,
Sans être avertis du jour du départ,
Sans pouvoir finir ton chef-d'œuvre, artiste,
Rothschild, sans manger tout ton milliard.

Vous vous en irez sans que l'on s'attriste
Plus de quelques jours, à moins d'un hasard ;
Vos robes de chambre iront à Baptiste,
Et votre portrait au fond d'un placard.

Quand à vos vieux os qu'on aima peut-être,
Dont vous aviez soin comme d'un trésor,
Votre âme aura peine à les reconnaître :

Votre âme, pendant des siècles encor,
Cherchera par quel mystère a pu naître
Son vaste idéal dans un tel décor.

# RUINES

L'homme est aujourd'hui tellement chargé
De vieux souvenirs et de vieilles loques ;
Fétiches, amours, galons et breloques
Et gouvernements, il a tant changé,

Qu'à la fin, blasé, morose, enragé,
Il brûle au hasard, comme des bicoques,
Tant de monuments des grandes époques
Où son glorieux passé fut logé.

Chefs-d'œuvre de l'art, palais, cathédrales,
Sépulcres des saints et tombes royales,
La haine et le feu, fiers de concourir,

Sifflent sur vos flancs comme des couleuvres.
Le vieil impuissant qui se sent mourir
Distrait ses vieux jours en gâchant ses œuvres.

# LES SAINTS

L'homme a toujours besoin de profaner un culte ;
Et ce sont les plus purs, hélas ! et les plus beaux
Dont le temple est souillé par ses grossiers sabots ;
Ce sont les plus divins que poursuit son insulte.

De leurs bras étendus dominant le tumulte,
Les prêtres vainement lèvent les saints flambeaux.
Des vêtements sacrés qu'il tire par lambeaux
Ce peuple ivre revêt sa mascarade inculte.

Un chant horrible naît sur l'orgue épouvanté ;
Des blasphèmes, des cris et des rires éclatent :
Dans un rut effrayant les couples se débattent.

Mais les saints à genoux sur l'autel dévasté,
Immobiles, sans voir s'agiter cette vase,
Achèvent leur prière et restent en extase !

# LES POÈTES

Nains impuissants épris de rêves gigantesques,
Pitres enfarinés et couvert de grelots
Dont le tintement fou se mêle à vos sanglots,
Lutteurs désespérés, sublimes et grotesques,

Poètes, restez loin des arènes dantesques,
Gardez-vous de toucher aux divins javelots.
Si le temps est passé des infâmes billots,
Le temps n'est point passé des rires pédantesques.

La huée à vos pas, comme aux talons d'un gueux
S'acharne l'aboiement d'un caniche hargneux,
Joyeuse, attacherait ses clameurs et sa bave...

Poètes, sur vos cœurs épuisés et hautains,
Muets, croisez-vos bras ; et, dédaigneuse épave,
Allez-vous en au gré des vents et des destins.

# HUE DONC !

J'ai regardé mon siècle et mes contemporains
A travers le lorgnon d'une muse ironique;
Et je t'ai vu, génie, o bête pulmonique,
Qui tirais l'omnibus des hâbleurs souverains.

Le Journal, brandissant le fouet de la chronique,
Se vautrait sur le siège et fouaillait tes reins,
Tandis que des faiseurs suspendaient à tes crins
Les cent mille grelots du boniment cynique.

Toi pourtant, sans laisser se relâcher les traits,
Brave et doux, et tendant tes antiques jarrets,
Tu t'en allais ainsi vers ton but invisible.

Et, cramponnés à toi, tes gras persécuteurs,
Etant des millions, insultaient tes lenteurs;
Et la foule riait de ta maigreur terrible.

# LIBATION

Au malheur des puissants, des riches, de tous ceux
Que la joie accompagne ainsi qu'un chien docile,
Coupe de haine, où bout, rutilant et mousseux,
L'amer breuvage fait de larmes et de bile,

Je te vide, comme un homme ivre de vin bleu ;
Et, te faisant tourner au dessus de ma tête,
A leur face, portrait sacrilège de Dieu,
Humide et dégoûtant encore, je te jette !

Va donc ! Et frappe-les aux yeux, au front, au cœur !
Mords leur chair bien nourrie, et, comme une eau banale,
Fais en jaillir la rouge et terrible liqueur,
Pour que le premier gueux qui passe s'en régale !

# PETITS POÈMES

# SOLITUDO

Mes compagnons d'étude et mes amis d'enfance
Sont partis de bonne heure et m'ont bientôt laissé
Loin derrière eux, perdu dans l'altière espérance
De trouver un chemin où nul d'eux n'ait passé.

Le bruit des pas hâtifs mêlés aux voix connues,
Les adieux, les appels échangés au hasard,
Les étreintes des mains longuement retenues
Et reprises encor au moment du départ ;

Les souhaits, les serments, — ô légères paroles
Qui ne savent prévoir ni l'oubli ni la mort ! —
Et, par dessus, dans l'air, dominant ces voix folles,
La voix grave d'un vent mystérieux et fort ;

Tout ce qui dut alors frissonner et sourire
Et chanter, quand mon cœur a doucement battu

Pour la première fois, fanfares, sons de lyre,
Cris d'orgueil, mots d'amour, beau concert qui s'est tu...

Je me souviens, je songe à ces heures aimées,
Avide de lueurs, de bruit, de mouvement,
Seul aujourd'hui, tandis que les choses calmées
Dorment autour de moi silencieusement.

# UTILITÉ DE LA POÉSIE

Les poètes épris, aux pieds de leurs maîtresses
Dans une extase ardente et folle prosternés,
Leur récitent des vers tendrement alternés
Qu'accompagne et soutient la chanson des caresses.

Voix divines ! Baisers harmonieux et doux !
Ces femmes n'ont qu'un jour ou deux pour être belles :
Il suffit qu'un instant vous vous penchiez sur elles,
Et l'immortalité les couronne avec vous !

Nos querelles, nos cris furieux et nos crimes
Résonnent vainement sous le tranquille azur ;
Mais que vibre au milieu de ce concert impur
L'hymne d'amour chanté par les enfants sublimes,

Les astres dans le ciel, les oiseaux dans les bois,
Les roses frissonnant sur leurs tiges pâmées

Et les zéphirs supris dans les vertes ramées
Font cercle pour ouïr parler leurs douces voix.

Les amants attendris apprennent les louanges
Des femmes qu'adoraient les poètes fameux;
Et transportés d'amour, pris d'ivresse, comme eux,
Aux filles de la terre ils voient des ailes d'anges.

Cependant qu'alentour toute chose a frémi,
Celles dont le poète a dit tant de merveilles
Détournent leurs yeux froids et ferment les oreilles,
Trouvant la chanson longue et bâillant à demi.

# AUBE D'HIVER

La neige a brodé de ses blancs flocons
Les pignons des toits, le bord des balcons,
Et mis au trottoir un tapis d'hermine.
Le jour inquiet, à tâtons venu,
Y pose en tremblant son joli pied nu
Qui devient tout rose et de froid clopine.

Dans la chambre il fait presque nuit encor.
Sur les murs tendus de bleu sombre, l'or
Des cadres parfois met des lueurs vagues;
Et là, près du lit, plus vif et plus clair,
Ainsi qu'un regard, palpite un éclair
Sur le guéridon où gisent tes bagues.

L'unique rayon de ce froid matin,
Honteux d'être seul, s'est bien vite éteint.
Le ciel se renfrogne, et la triste bise

S'embusque, hargneuse, aux coins des maisons,
Aboie aux passants et change en glaçons
Leur haleine humide en leur barbe prise.

Dans l'alcôve tiède où tes yeux aimés
Si tard cette nuit se sont refermés,
Mignonne, tu dors contre moi blottie.
Ton front assoupi laisse avec langueur
Ses cheveux défaits inonder mon cœur.
Ton âme au pays du rêve est partie.

Mignonne, on a faim ! Mignonne, on a froid !
Et de pauvres gens sans pain et sans toit,
Demi-nus sous quelque atroce guenille,
Sont là dans la rue et tournent les yeux,
Comme vers un point visible des cieux,
Vers tes bleus rideaux, seul azur qui brille.

Glacés jusqu'au fond des os et tremblants,
Petits maladifs, vieux en cheveux blancs,
De notre côté chacun d'eux regarde.
Ils sentent qu'on est heureux par ici,
Et tout bas, du fond de leur cœur transi.
Appellent à l'aide un ange qui tarde.

Tu rêves pourtant. Ta lèvre sourit.
Mignonne, sans doute un léger esprit
T'a prise en son vol et t'a déposée,

Eblouie encor du rapt merveilleux,
Dans quelque Orient où les oiseaux bleus
  Suspendent leur nid contre ta croisée.

Là, reine et maîtresse, et pour serviteurs
Ayant des lutins et des enchanteurs,
Tes vœux les plus fous soudain s'accomplissent.
Des mets inconnus sont tes aliments ;
Et dans tes cheveux mille diamants,
Comme fleurs des champs en été, se glissent.

Là, grands parcs ombreux, domaines sans fin,
Vêtements tissés de soie et d'or fin,
Parfums qui te font pâmer, ma mignonne,
Meubles Renaissance et magots chinois,
Chevaux qui feraient une émeute au Bois,
Orchestres que Listz conduit en personne !...

Des baisers du soir à ceux du matin
Tout rit à souhait au cœur enfantin
Que la fantaisie à son grè soulève.
O mon cher amour ! Et j'ai dans la main
La clef d'or qui peut faire un lendemain
Réel et vivant à ton joli rêve !...

Ceux qui sont en bas grelottants et nus,
Des rêves pareils sont aussi venus
Tromper cette nuit leur cœur en détresse.

Ils se sont vus fiers, riches, tout-puissants,
Jetant un regard d'orgueil aux passants
Du haut de leur morgue et de leur paresse.

Et, tandis qu'un son splendide et nombreux
De lingots heurtés vibrait autour d'eux, —
Comme une lumière aux millions d'ailes,
Ils ont vu des murs, des toits, des plafonds,
Des meubles épars, des tapis profonds,
L'or éparpiller son vol d'étincelles.

Et voici surtout qu'ils avaient enfin
A boire, à manger, mignonne, à leur faim,
Et que leurs enfants, — ô mères surprises ! —
Avec des yeux gais, des rires perlés,
Agitaient en l'air leurs poings potelés,
Roses de santé, pleins de friandises...

Puis ce fut l'éveil sous un toit ouvert
A tous les affronts mortels de l'hiver,
La vie oubliée âpre à les reprendre,
Le bouge, où leur honte a pu se tapir,
Dont au point du jour il faut déguerpir,
Et jusqu'à la nuit la main qu'il faut tendre...

Ah, dors, ma mignonne, et rêve. Tandis
Que ton cœur ailé vole au paradis,
Je vais me glisser hors de cette chambre.

Nous avons semé bien des pièces d'or,
Toutes au hasard ! Il en reste encor :
Donnons notre obole au pauvre Décembre !

Que ceux qui pleuraient, m'ayant vu venir,
Sourient à leur tour et puissent bénir
Ta petite main blanche et satinée ;
Et, lorsqu'à midi tu t'éveilleras,
Me tendant la bouche et m'ouvrant les bras,
Notre amour aura gagné sa journée !

# LA MARSEILLAISE DE L'AMOUR

Mignonne, écoute ceci :
Je t'aime, ô ma beauté rose,
Et ne veux avoir souci
En ce monde d'autre chose.

Des personnes de bon sens
M'affirment que le temps passe.
Que m'importent les passants,
Quand mon amour reste en place ?

Autour de moi, je le sais,
Tout homme se préoccupe
De traités ou de procès,
Dupeur quand il n'est pas dupe.

Appels, lazzis, boniments...
Entends-les, comme ils dégoisent !

Les défis et les serments
Tour à tour dans l'air se croisent.


Les clairons et les tambours
Résonnent pour la parade ;
Les tribunaux et les cours
Poursuivent leur mascarade.


Des messieurs très convaincus
Paperassent dès l'aurore ;
Leurs amis les font cocus,
Leur ministre les décore !


Dans les maisons de crédit
On entend à la fortune
Aboyer les gens d'esprit,
Comme des chiens à la lune.


Et des femmes de haut choix
Qui se gorgent de chimères,
A tous les tournants du Bois
Font la chasse aux rastaquères.


Cependant, à son bureau,
Plus d'un grave diplomate
Compulse le *Figaro*
Ou fait son nœud de cravate ;

Et soudain, sur le faux bruit
Répandu par sa maîtresse
Qu'il veille toute la nuit,
La rente française baisse!

Voilà ce que chaque jour
Fait quiconque se respecte,
Tandis qu'aux plaisirs d'amour
Ta douce lèvre s'humecte.

Mignonne, te doutes-tu
Que l'homme heureux qui te baise,
Autant qu'un autre aurait pu
Sans toi vivre et vivre à l'aise?

Le vois-tu, ton pauvre amant,
Possesseur d'un ventre honnête,
Riche, chauve, continent,
Pédant, respectable et bête?

Ma mignonne, baise-moi!
En pleine place publique
Les uns votent pour le Roi,
D'autres pour la République.

Baise-moi, nous voterons
A huis-clos, sans qu'on le sache,

Moi, pour tes seins purs et ronds,
Toi, pour ma brune moustache.


Le monarque et le sujet
Vivront d'accord loin des cuistres;
L'espoir fera le budget,
Tes désirs seront ministres!


Ma mignonne! Et pour drapeau,
Ni blanc, ni rouge, mais rose,
Nous déploierons le rideau
De notre alcôve bien close!..


Le chrétien nous croit damnés;
Et le bourgeois s'épouvante
Des refrains désordonnés
Que notre folie invente.


Tes baisers sont interdits,
Paraît-il, par la morale;
Et tes yeux au Paradis,
Mignonne, feraient scandale.


Car on lit dans maint sermon
— Métamorphoses étranges!—
Que tu n'es qu'un vieux démon,
O toi le plus blond des anges!

Et, si je meurs dans tes bras
Avant d'aller à confesse,
Tout droit tu m'emporteras
Dans ton grand enfer, diablesse!....


Bonnes gens!.... Le couvre-feu
Pour vous depuis longtemps sonne;
Mais pour nous, dans le ciel bleu
L'étoile d'amour rayonne.


Solitaires et tremblants,
Cachez sous les couvertures
Vos membres las, vos fronts blancs,
Votre asthme et vos courbatures.


Nous, sur nos fronts rapprochés,
Comme des épis superbes
Que nul rustre n'a fauchés,
Nos cheveux dressent leurs gerbes.


Ma mie est née à l'instant
Où votre vertu caduque
S'asseyait en grelottant
Entre le moine et l'eunuque.


Et moi, le feu du soleil,
Cœurs glacés, molles bedaines,

Coule, grand fleuve vermeil,
En fusion dans mes veines.

Quand je presse sur mon cœur
Ma maîtresse bien-aimée,
Je sens monter ma vigueur
Comme l'assaut d'une armée ;

Et, tel un rouge étendard,
Je plante, en vainqueur farouche
Qui couronne le rempart,
Mon fier baiser sur sa bouche!

# LE JOUR DE L'AN MOROSE

Minuit sonne : l'année est morte !
Le temps va changer d'écriteau.
Janvier frappe à plus d'une porte,
Des étrennes sous son manteau.

Dehors, la neige continue
De dévider ses blancs flocons,
Brodant de leur trame menue
Les balustrades des balcons.

Près de moi la pendule tinte
Lentement, ma lampe pâlit,
Mon feu meurt, ma pipe est éteinte :
Il est temps de me mettre au lit.

Pauvre couche, ma tête lasse,
Qu'un labeur incessant plombait,

Y chercha bien des nuits la place
Où le repos se dérobait.


L'insomnie et l'inquiétude
Hantent toujours mon oreiller,
Et l'amour, faute d'habitude,
Avec moi n'y vient pas veiller.


Décidément, le sort me boude,
La Muse aussi ; car c'est en vain
Que sur ma table je m'accoude :
La plume sèche dans ma main.


Mon dernier vers reste sans rime,
Au bas d'une feuille échoué ;
Mon roman attend qu'on l'imprime,
Et mon drame n'est pas joué.


C'est toujours chez moi même gêne,
Même abandon pour varier...
Si quelque fée est ma marraine,
Elle a bien l'air de l'oublier !


Dans la solitude maudite
Où je n'ai pas même dormi,
Rien n'est venu, lettre ou visite,
Qui me parlât d'un cœur ami.

Je suis sorti. Le long des rues
J'ai marché, comptant dans mon cœur
Toutes les choses disparues
Dont se composait mon bonheur.

Et, malgré la pluie et la neige,
Sur mon chemin j'ai rencontré
La joie à tous tendant son piège
Où tous couraient. Je suis rentré.

Dans l'escalier, à chaque étage,
Je m'arrêtais pour écouter
Les enfants faire du tapage
Et les verres gaîment tinter.

De fraîches voix de jeunes filles
Couraient du premier au second,
Où les figures des quadrilles
Ebranlaient plancher et plafond.

Alors, j'ai gagné ma mansarde.
Prenant en haine tout ce bruit ;
Mais la joie a la voix criarde
Et sonne étrangement la nuit !...

Donc, on s'amuse, on rit, on soupe !
L'an nouveau n'a pas fait un pas

Qu'il faut déjà que l'on découpe,
Pour lui faire honneur, le veau gras.

Oncles, neveux, filleuls, marraines,
Bourgeois et gens de tout métier,
Tous ont l'air d'avoir des étrennes.
Le bohême s'endort rentier.

Le boutiquier rêve aux pratiques
Qui vont encombrer ses comptoirs,
Et les vieux beaux aux cosmétiques
Qui leur rendront leurs cheveux noirs.

Le mendiant que la faim presse
Croit que demain il va dîner;
Et le poète à sa maîtresse
Est sur le point de pardonner!...

Ah! jour de l'an plein de promesses,
Je le connais, ce joli bruit
Que fait le rire des déesses
Dont le cortège aimé te suit.

Je les connais, ces doux mensonges
Remis à neuf, si vieux pourtant,
Ces faux espoirs et ces vains songes!...
Ton frère en promettait autant.

Tristes dupes, à son de trompe
Je voudrais pouvoir publier
Qu'une fois encore on vous trompe
Ni plus ni moins que l'an dernier.

Cette date ne renouvelle
Que l'échéance des loyers,
Et, pour moitié de vous mortelle,
Va mettre en deuil bien des foyers.

Pour plus d'un c'est la banqueroute.
Pour l'autre, dès qu'il sortira,
C'est un caillou, qui sur sa route
A tout jamais l'arrêtera.

Belle fille folle et coquette,
Pour toi c'est quelque cheveu blanc;
Pour toi, petite, une amourette
Dont l'horizon est tout sanglant.

Pauvre petit enfant qui pleures,
A ta nourrice cramponné,
Pour toi, jusqu'à ce que tu meures,
C'est l'amer regret d'être né.

Dans ce cœur que ne semble atteindre
Aucune flèche du destin,

C'est un amour qui va s'éteindre
Ou s'allumer un beau matin.


Chez quelques autres, c'est peut-être
La fortune qui va venir,
Pour que Judas vende son maître
Et puis se pende pour finir.


Nous allons les revoir encore,
Les tristes luttes d'ici-bas,
Tout ce qui souille et déshonore,
Tout ce qui tue et ne meurt pas.


Pauvre monde, tu recommences
L'âpre chemin tant parcouru,
Où tu jetas tant de semences,
Où jamais un épi n'a crû.


Et tu trouves, vieillard débile,
De gais refrains je ne sais où,
En tendant toujours ta sébile
Au hasard qui n'a plus un sou !...


Pauvre monde, si l'Espérance
N'est pas lasse de soutenir
Tes bras maigris par la souffrance,
Tendus sans cesse à l'avenir ;

C'est que peut-être elle est venue
En droite ligne du ciel bleu,
Et s'est longtemps entretenue
De ta destinée avec Dieu !

C'est qu'elle a mesuré ta route
A travers les siècles mouvants,
Et qu'elle a deviné sans doute
Ce que cherchent tous tes savants :

Combien de centaines de lieues
Te séparent, un temps encor,
Des Olympes aux sphères bleues
Et des Paradis aux fleurs d'or !

# DÉPART

Le flot sonne sur la rive,
Le vent rit comme un vieux fou...
Je m'en vais je ne sais où,
Au pays où nul n'arrive.

Qui pense à moi? Qui m'attend?
Le ciel est noir comme un gouffre!
Oh! combien, combien je souffre!
Il faut m'en aller pourtant.

Le steamer fume. La cloche
Monotone ébranle l'air.
La houle blanchit la mer.
Le temps passe. L'heure approche.

Hélas! Le soir du départ,
Les étoiles mes amies
Se sont toutes endormies
Sans me donner un regard!

Personne n'est là, personne
Qui m'aime et me dise adieu!...
Ma poitrine est tout en feu
Et mon cœur glacé frissonne.

Je m'en vais rempli d'effroi
A travers l'ombre incertaine...
Le sifflet du capitaine
Retentit. C'est fait de moi !

Les amarres sont brisées,
L'eau s'écarte en bouillonnant...
Que font-elles maintenant,
Les lèvres que j'ai baisées?

Tout est fini. Le bord fuit.
Mon pauvre cœur se dérobe....
Dieux ! n'est-ce pas une robe,
Ce point brillant dans la nuit ?

Voyez, voyez ce nuage
Qui s'entr'ouvre : le cil blond
D'une étoile luit au fond
De l'azur qui se dégage.

Mais le vent souffle. Les cieux
Referment leur vague sombre.
La petite étoile sombre,
Dernier espoir de mes yeux.

Et, tandis que sur ma face
La morne nuit boit mes pleurs,
J'entends venir mes douleurs
Comme des chiennes en chasse.

Autour de mon cœur blotti
Dans ma poitrine effarée,
Aboie, âpre à la curée,
La meute qui m'a senti.

Et toutes ces voix qui grondent
Avec un tel unisson,
Jusqu'au bout de l'horizon
S'appellent et se répondent;

Si bien que le vent hurleur
Et les vagues en tumulte,
Pour me jeter leur insulte,
Prennent ta voix, ma douleur !

Et que tu sembles, maudite
Que j'espérais oublier,
Partout te multiplier
Pour courir à ma poursuite !

# IN GURGITE VASTO

A la lueur des étoiles,
Vers les pays inconnus,
O vents qui poussiez mes voiles,
Vous étiez les bienvenus!

J'aimais, assis à la barre,
Sans souci de la saison,
Couper moi-même l'amarre,
Le cap mis sur l'horizon.

Et de la houle en colère
Lors qu'au moment du départ
L'éperon de ma galère
Heurtait le mouvant rempart,

Comme d'un baiser de femme,
Ivre d'écume et de vent,

Je riais de voir la lame
S'écrouler sous mon avant !

Un grand bruit venait du large.
Dans sa trompe l'ouragan
Y sonnait partout la charge
Aux fureurs de l'Océan.

Ils venaient, les flots sans nombre !
Sous leurs chocs multipliés
J'entendais sonner dans l'ombre,
Vaste nuit, tes noirs piliers !

Mais que m'importait leur rage
Et leur impuissant effort ?
Seuls, la Joie et le Courage
Avaient passage à mon bord.

Et bien au delà des ondes,
Je sentais, calme et hautain,
L'attente des nouveaux mondes
Et l'appel de mon destin.

Alors, grandissant ma taille
Sous le ciel rayé d'éclairs,
Je l'acceptais, la bataille
Que venaient m'offrir les mers ;

Et je criais dans la brume
Et dans l'horreur de la nuit,
Au ciel, au vide, à l'écume,
A tout ce qui flotte et luit :

« Vents, soufflez dans mes cordages !
Haut les voiles ! matelots,
Soyez prêts aux abordages !
Et vous, esclaves, grands flots,

Prenez-moi sur votre épaule ;
Et par delà l'Équateur
Jetez-moi sur quelque pôle
Qui n'ait pas d'explorateur !

Les Pérous, les Amériques
Sont hantés de chercheurs d'or.
Je veux des cieux chimériques
Où l'écho sommeille encor,

Où l'Aurore, stupéfaite
De mon voyage lointain,
Monte en hâte sur le faîte
Du bleu palais du Matin ;

Où les Heures aux écoutes,
Sachant qu'un homme est venu,

Se disputent pour voir toutes
En même temps l'inconnu ;

Tandis que les blancs pilastres
Se teindront d'un sang vermeil
Sous le choc de milliers d'astres
Livrant bataille au soleil !

Et, dans un pays où l'herbe
N'a jamais tendu le front
Qu'au baiser du vent superbe,
Quand mes pieds se poseront,

O nature, ô mon aïeule,
Sous le grand ciel triomphant
Je veux que tu viennes seule
Au devant de ton enfant ;

Et contre ton sein prodigue
Inclinant mon front pâli
Par l'angoisse et la fatigue ,
J'y veux boire un vaste oubli ! »

* *

Or, voici : Sous bien des zones,
Jeté d'écueil en écueil,

Les trombes et les cyclones
Tour à tour m'ont fait accueil.


La famine, l'incendie,
La révolte sont venus !...
Puis ce fut la maladie,
Puis tous les maux inconnus !.....


Quelquefois la voix soudaine
De la vigie annonçait
Qu'une terre encor lointaine
Dans la brume apparaissait.


Je montais sur la dunette ;
Et, les yeux tout grands ouverts,
J'essayais dans ma lorgnette
D'embrasser mon univers.


C'était d'abord un point vague,
Puis plus net à tout moment,
Qui sur le dos d'une vague
Venait vers nous lentement.


Le point s'allongeait en bande,
La bande sur l'horizon,
Toujours plus large et plus grande,
Courait comme un blanc frisson.

Les flots s'abaissaient. Les formes
De tout un monde endormi
Par hautes masses énormes
Se dessinaient à demi.

De leurs courbes ondulées
Où jouaient l'ombre et le jour,
Les collines, les vallées
Affermissaient le contour.

Mon vaisseau voguait. La crête
Des montagnes découpait
Sur le ciel leur vive arête
Qu'un rayon joyeux frappait;

Et le front de la nature
Secouait vers moi dans l'air
Son panache de verdure
Par dessus la calme mer.

Dieux puissants! Que de Florides,
Dans la tiédeur des étés,
Ont à mes désirs avides
Ouvert leurs bras enchantés!

Que de brises sont venues,
Portant les parfums du sol,

Autour de mes tempes nues
Réunir leur joyeux vol,


Et verser, sœurs des sirènes,
A tous mes sens à la fois
Les philtres de leurs haleines
Et les philtres de leurs voix !


Si bien que, par leurs promesses
Détourné du but sacré,
Vers d'impossibles maîtresses
Mon cœur volait altéré,


Et, sous les blonds cheveux d'Ève
Tenté de se reposer,
Oubliait presque son rêve
Pour le rêve d'un baiser !


Mais, tandis que, pavoisées,
Mes antennes doucement
De leurs ailes apaisées
Effleuraient le flot dormant ;


Et tandis que, sous la poupe,
Mes marins, hardis lurons,
Descendaient dans la chaloupe
Et paraient les avirons ;

Au milieu de la manœuvre
Je m'arrêtais ; car déjà
Je voyais l'homme et son œuvre
Qui m'avaient précédé là !

O terre! dans tes entrailles
Je voyais de tous côtés
S'ouvrir les larges entailles
De ses ports, de ses cités!

De noirs flocons de fumées
Montaient, comme un souffle impur,
De ses forges allumées
Dans le glorieux azur.

Des bruits rauques, sombres, vagues,
S'élevaient confusément,
Faisant aux chansons des vagues
Un faux accompagnement.

Puis voici que des nuées
De canots venaient rôder
Tout autour de mes bouées
Et tenter de m'aborder.

Et la voix, la voix de haine,
De douleur, de faux serment,

La sinistre voix humaine
M'y hélait railleusement.

Aux voiles ! criais-je, aux voiles !
Alerte, mes gars ! Partons !
Nous sommes chercheurs d'étoiles
Et non courtiers de cotons !

Nous n'avons dans notre cale
Rien qui vaille une once d'or,
O marchands, pas une balle !
O Barnums, pas un ténor !

Et si nous fuyons les villes
Où fleurissaient nos amours,
C'est haine des âmes viles,
Des fronts baissés, des cœurs sourds ;

C'est haine des cris d'écoles,
Des diplômes, des impôts,
Des bagnes, des Capitoles,
Des marchés et des tripots,

Et non pour voir ici l'homme
Que nous voulons oublier,
Comme ailleurs bête de somme,
Porc immonde ou loup-cervier !

. . . . . . . . . . . . . . . . . . . .

. . . . . . . . . . ; . . . . . . . .

Monde de béatitude,
De calme! Eden retrouvé!
Terre vierge! Solitude!
Innocence! J'ai rêvé!

J'ai rêvé, profonds abîmes!
J'ai rêvé, le jour fatal
Où, si jeunes, nous partîmes
En chantant du bord natal !

Alors, que de camarades,
Amoureux de l'horizon,
Enfants joyeux et nomades,
Me suivaient, nouveau Jason !

Maintenant glacés, inertes,
Ils dorment, mes compagnons,
Dans des linceuls d'algues vertes,
Et leurs os n'ont plus de noms!

Mon navire flotte encore;1
Mais sur son mât dépouillé
Le drapeau multicolore
Ne sera plus déployé !

Les voiles pendent en loques,
La cale partout fait eau,

Et les requins et les phoques
Nous suivent comme un troupeau !

Vous aurez votre pâture,
Monstres affamés ! Vos corps
Serviront de sépulture
A mes rêves enfin morts !

Loin des hommes, en silence,
Bientôt ce sera fini,
Sans tirades d'éloquence
Et sans monument béni !

De toutes les vaines choses
Par qui mon cœur fut tenté,
Pays lointains, lèvres roses,
Gloire, amour, rien n'est resté,

Hors une. Mon dernier rêve
— Le hasard y pourvoira —
C'est que la lune se lève
Quand mon vaisseau sombrera ;

Et que, roulé dans mes voiles,
En mourant je puisse voir
Les pleurs d'argent des étoiles
Sur le ciel tendu de noir !

# DIVERS

# LA DIVE POÉSIE

Poings levés, feutre tombant,
Troussant la jupe aux vergognes,
Apostrophant les charognes,
Trébuchant sur chaque banc,

Ton vers s'en va titubant;
Et, frère des gais ivrognes,
Porte haut ses rimes, trognes
Qu'allume le mot flambant.

Quand, derrière une fenêtre,
Ayant vu soudain paraître
Le front pur de dona Sol,

Il tressaille, et dans cape,
Noble et tragique, se drape
Comme un brigand espagnol.

# SOIR!

Est-ce un grand incendie ? Est-ce un reflet de forge ?
Dans les brouillards du soir, sur l'océan qui dort,
Un feu pourpre du ciel ensanglante le bord...
L'ombre monte et saisit le soleil à la gorge !

Le colosse chancelle ainsi qu'un dieu vaincu.
L'occident sous son poids s'ouvre comme une tombe.
Quelques instants encor ; et l'ardente hécatombe
Y descend en silence : un beau jour a vécu !

Les flots battent la grève avec des cris funèbres,
La lumière en mourant laisse la mer en deuil ;
Et les astres pressés, comme autour d'un cercueil
Les cierges jaunissants, veillent dans les ténèbres.

La pâleur de la lune attriste ses rayons
Et donne à l'univers un aspect de ruine.

Une voix désolée, où nul son ne domine,
Soupire dans le vent des lamentations.

Il semble par instants que le monde s'émeuve ;
Et la haute falaise est comme un bras tendu
S'allongeant jusqu'au ciel dans un geste éperdu,
Pour rappeler le dieu dont la nature est veuve.

## SUR UN EXEMPLAIRE

### D' » *Emaux et Camées* ».


COMME en prenant un vase antique
La main tremble d'un saint respect,
Mon cœur battit à ton aspect,
Chère merveille poétique.

Dans les colloques du Portique,
Le philosophe circonspect
N'aurait rien trouvé de suspect
Dans ta radieuse esthétique.

Il était digne, celui-là
Dont le pouce te modela
De compléter le divin groupe

D'Alcibiade et Phidias,
Et qu'au banquet des fils d'Hellas
Laïs de vin remplit sa coupe.

# LES MARAUDEUSES

L'ARBRE superbe et fier s'effeuille
Quand le vent d'automne a soufflé.
Mais toujours quelqu'un vous recueille,
Fleur tombée, amour envolé.

Sous la futaie immense rôde
Un bruit léger de pas furtifs :
Ce sont les muses en maraude
Autour des poètes pensifs.

Elles glanent tout ce qui tombe,
Disputant l'amour à l'oubli,
Ressuscitant ce que la tombe
Croyait avoir enseveli.

Fleurs du jour et fleurs de la veille,
Amour défunt, amour naissant,

Pêle-mêle, dans leur corbeille
Elles jettent tout en passant.

Et le poète, qui les aime
Et les regarde avec effroi,
Penche sur elles son front blême,
Frissonnant sans savoir pourquoi.

Il lui semble que l'on emporte
Un peu de la chair de son cœur,
Et qu'elle n'est pas assez morte
Pour qu'on lui prenne sa douleur.

# A L'AUBE

Le jour point dans la mansarde ;
Et le poète regarde,
Accoudé sur l'oreiller,
Sa maîtresse sommeiller.

Elle est blonde, la mignonne,
Comme Vénus en personne ;
Et son teint a la couleur
Tendre et fraîche d'une fleur.

Posé tout près de sa joue,
Où l'ombre des cils se joue,
Son bras sur son front dormant
S'arrondit légèrement.

Sa chemise qui s'entrouvre
Sous ses plis froissés découvre,

Le moelleux et pur dessin
De sa gorge et de son sein.

Et l'aile de son haleine
En fuyant l'effleure à peine
Comme l'aile de l'oiseau
Qui passe frôle un roseau.

La couvant de la prunelle
Le poète tient vers elle,
Dans quelque songe absorbé,
Son beau front pâle courbé.

Il regarde sans mot dire
Cette bouche qu'un sourire
Illumine; — et cependant
Il pleure en la regardant!

# NAISSANCE TRAGIQUE

Hier la jeune femme un peu pâle et troublée
Souriait cependant : l'attente allait finir!
Et son époux joyeux parlait de l'avenir
Où se levait entre eux une tête bouclée.

Aujourd'hui, sur ce front que la mort va ternir,
Sur ces yeux dont, hélas ! la prunelle est voilée,
Cherchant cette âme à qui son âme fut mêlée,
L'époux par ses baisers voudrait la retenir.

Il l'appelle; et ce nom qui, murmuré, naguère,
Palpitante d'amour la jetait dans ses bras,
Résonne sur sa bouche ainsi qu'une prière !

Il l'appelle tout haut, il l'appelle tout bas;
Mais rien ne répond plus, l'épouse ni la mère
Car le nouveau-né pleure : elle ne l'entend pas !

# MÉLANCOLIE DE GOMMEUX

J'aime une femme ; et je ne sais laquelle.
Je ne connais ni ses yeux, ni sa voix,
Ni son sourire ; et j'ai dû quelquefois,
Sans m'en douter, hélas ! passer près d'elle.

Or, en cherchant cette amante éternelle,
J'ai, trop souvent pour mon cœur aux abois,
Dans les coupés qui reviennent du Bois,
Vu des yeux peints jouer de la prunelle.

Mon idéal alors s'est fait petit.
O faible chair, il a pris la mesure
De ton banal et hâtif appétit !

Vierge, tu peux couper ta chevelure
Et détourner du monde tes yeux las !
Le fiancé promis ne viendra pas.

# TABLE

—